THE LANGUAGE GYM

GERMAN SENTENCE BUILDERS

A lexicogrammar approach

ABSOLUTE BEGINNERS

- PRIMARY -

ANSWER BOOK

Imprint: Language Gym

Answers by:

Silvia Bastow

Table of Contents

UNIT 1 – ICH HEIßE (My name and age)

LISTENING

1. Listen and complete with the missing vowel.
a. Ich heiße   b. Ich bin   c. sechs   d. drei   e. vier   f. Jahre   g. neun   h. elf   i. zehn   j. zwölf

2. Can you break the flow? Draw a line between words.
a. Hallo, ich heiße Anja und ich bin zehn Jahre alt.   b. Guten Tag, ich heiße Sabine.
c. Hallo, ich heiße Nico. Ich bin acht Jahre alt.   d. Hallo, ich heiße Jens und ich bin zwölf Jahre alt.
e. Wie heißt du? Ich heiße Elke.   f. Wie alt bist du? Ich bin sieben Jahre alt.

3. Listen and tick one option for each sentence.
a. 2 Ich heiße <u>Paul.</u>   b. 1 Ich bin <u>elf Jahre alt.</u>   c. 3 Ich bin <u>acht Jahre alt.</u>   d. 3 Hallo, <u>wie heißt du?</u>

4. Complete with the missing letters in the box below.
a. Wie heißt du?   b. Ich heiße Sonja.   c. Ich bin sieben Jahre alt.   d. Guten Tag,
e. Hallo, ich heiße Jens. f. Wie alt bist du?   g. Ich bin acht Jahre alt.   h. Ich bin zwölf
Jahre alt.   i. Ich heiße Julian.   j. Hallo, ich heiße Sara.

5. Fill in the grid with the correct name and age. 
a. Ich heiße Maja. Ich bin acht Jahre alt.   **Maja ; 8**
b. Guten Tag, ich heiße Jens. Ich bin sechs Jahre alt.   **Jens ; 6**
c. Hallo, ich heiße Anja und ich bin elf Jahre alt.   **Anja ; 11**
d. Wie heißt du? Ich heiße Valentine und ich bin sieben Jahre alt.   **Valentine ; 7**

6. Faulty Echo
a. Ich bin neun <u>Jahre</u> alt. (Gare)   b. Hallo, ich bin <u>zwölf</u> Jahre alt. (zwolf)
c. <u>Guten</u> Tag, ich heiße Maja. (Gute)   d. Hallo, <u>ich</u> bin elf Jahre alt. (ick)
e. Hallo, ich heiße Ingo und ich bin <u>acht</u> Jahre alt. (act)   f. Ich heiße Nina und ich bin neun Jahre alt. (nine)
g. Wie <u>alt</u> bist du? (olt)

7. Track the sounds: Listen and write down how many times you hear the sound.
1. **A: 6 times**   hallo, ich heiße, Jana, Jahre, vier, alt, acht
2. **E: 8 times**   sieben, neun, sechs, heiße, Jahre, Elke, zehn, elf
3. **I: 7 times**   wie, bist, Sabine, Timo, ich, nicht, bin, zwei
4. **O: 4 times**   hallo, Marco, acht, du, heißt, Timo, Leonie, zwölf
5. **U: 5 times**   fünf, und, neun, Julia, Luzi, Laura, Guten Tag, du

8. Spot the Intruder.
Identify and underline the word in each sentence the speaker is NOT saying
a. Wie heißt du? Ich heiße <u>Jonas</u> Lisa.   **Jonas**
b. Wie alt bist du? Ich bin <u>drei</u> sechs Jahre alt.   **drei**
c. Guten Tag, ich <u>bin</u> heiße Lea.   **bin**
d. Hallo Jens, <u>und</u> wie alt bist du?   **und**
e. Hallo, <u>zwei</u> ich heiße Anke und ich bin zehn Jahre alt.   **zwei**

9. Spelling Challenge (1-12) Listen and complete the German words with the missing letter.

a. zwei   b. eins   c. sechs   d. neun   e. fünf   f. zehn
g. acht   h. drei   i. vier   j. sieben   k. zwölf   l. elf

10. Listen and circle the correct number.

a. sieben, 7   b. zehn, 10   c. elf, 11   d. fünf, 5   e. zwölf, 12

VOCABULARY BUILDING

1. Match Up

1. e   2. a   3. g   4. b   5. c   6. h   7. j   8. i   9. d   10. f

2. Broken Words

a. Ich bin   b. acht   c. sechs   d. Jahre   e. Ich heiße   f. zwölf   g. eins   h. sieben   i. neun
j. zehn

3. Complete the sentences with the missing words below.

a. Ich bin **sieben** Jahre alt.   b. Ich **heiße** Dylan.   c. Ich bin **elf** Jahre alt.
d. Wie heißt **du**?   e. Wie alt **bist** du?   f. **Hallo,** ich heiße Claudia.
g. Wie schreibt man deinen **Namen**?   h. Ich heiße Mia und ich **bin** dreizehn.

4. Sentence Building Blocks

a. Ich bin fünf Jahre alt.   b. Wie alt bist du?
c. Ich heiße Jens und ich bin zwölf Jahre alt.   d. Ich heiße Leonie und ich bin elf Jahre alt.

READING

1. Sylla-Bees

a. Ich heiße Peter.   b. Ich bin zwölf Jahre alt.   c. Ich bin neun Jahre alt.

2. True or False

1a. True   1b. False (Maja)   1c. False (10)   1d. True
2a. False (Micha)   2b. True   2c. True   2d. False (11)

WRITING

1. Spelling

a. Ich heiße…   b. Ich bin zehn Jahre alt.   c. vier **Jahre**   d. neun Jahre   e. **Wie heißt du?**
f. **Wie alt bist du?**   g. Wie schreibt man deinen Namen?

2. Anagrams

a. Ich bin acht Jahre alt.   b. Ich heiße Maja.   c. Ich bin zwölf Jahre alt.   d. Ich bin sieben Jahre alt.
e. Ich bin elf Jahre alt.

3. Faulty Translation

a. I am **11** years old.   b. **Hello/Good Day**   c. How **old are you?**
d. **What's your name?**   e. **Hello,** my name's Lea.

4. Phrase-level Translation

a. Ich bin acht Jahre alt.   b. Ich heiße…   c. Wie heißt du?   d. Ich bin zwölf Jahre alt.
e. Wie alt bist du?   f. Guten Morgen!   g. Hallo.   h. Wie schreibt man deinen Namen?

UNIT 2 - ALPHABET AND PHONICS

UNIT 2 - ALPHABET AND PHONICS

LISTENING

1. Listen and write the alphabet as you hear it.
(Meinen Namen schreibt man so …)
No fixed answer. Students write down letters of the alphabet and compare them with their classmates. Whole-class discussion.

2. Fill in the gaps with the missing letters.
Transcript: "Meinen Namen schreibt man so"
a. Bastian   b. Julian   c. Jens   d. Alexander   e. Kristine   f. Claudia
g. Sonja   h. Peter   i. Jonasj. Sabine

3. Complete the words with the missing letters.
a. Wie schreibt man deinen Namen?   b. Ich heiße Martin.   c. Ich heiße Heike.
d. Meinen Namen schreibt man so: e. Ich heiße Nina.

4. Listen and choose the correct spelling.
a. 2 - Ich heiße   b. 1 - Jahre   c. 2 - Jens   d. 2 - Geburtstag
e. 1 - Deutsch   f. 2 - Maja   g. 1 - Julian   h. 2 - braun
i. 2 - Jungen   j. 1 - heiße

5. Listen and tick the letter you hear.
1. G   2. H   3. J   4. ß   5. E   6. C
7. V   8. U

6. Listen and write the names being spelled out.
1. Thomas   5. Julian
2. Katja   6. Andreas
3. Jens   7. Sabine
4. Lena   8. Claudia

UNIT 3 – WIE GEHT'S DIR?

LISTENING

1. Listen and tick the word you hear.
a. 1 (so lala)   b. 1 (gestresst)   c. 2 (nicht entspannt)   d. 3 (sehr gut)   e. 3 (glücklich)

2. Listen and complete with the missing vowel.
a. Ich bin glücklich.
b. Gute Nacht.
c. Guten Tag.
d. Mir geht es so lala.
e. Ich bin traurig.
f. Ich bin müde.
g. Hallo, ich heiße Nico.
h. Mir geht es sehr gut.
i. Hallo.
j. Mir geht's furchtbar.
k. Ich bin entspannt.
l. Ich bin nervös.
m. Ich bin gut gelaunt.

3. Complete with the missing syllables in the box below.
a. Ich bin **ge**stresst.
b. Mir geht es **gut**.
c. Guten Tag
d. Gute Nacht
e. **Mir** geht's sehr gut.
f. Mir geht es gut, weil **ich** glücklich bin.
g. Ich bin glück**lich**.
h. Hallo, ich heiß**e** Maja.
i. Ich bin **müde**.
j. Mir geht es so lala, weil ich trau**rig** bin.

4. Listen and choose the correct spelling.
a. 1   b. 2   c. 2   d. 1   e. 2   f. 2   g. 1   h. 2   i. 2   j. 1

5. Can you break the flow? Draw a line between words.
a. Mir geht's gut, weil ich glücklich bin.
b. Mir geht es schlecht, weil ich müde bin.
c. Hallo, mir geht's schlecht, weil ich traurig bin.
d. Wie geht's? Mir geht's so lala, danke.
e. Hallo, ich heiße Jens. Mir geht's gut.

6. Fill in the grid with the correct greeting and emotion.
a. Mia ; Good morning ; very well
b. Thomas ; Good evening ; nervous
c. Jens ; Hello ; sad.
d. Lisa ; Good morning ; feels awful ; stressed
e. Christian ; Good day ; relaxed

7. Faulty Echo
a. Guten Tag, mir geht es <u>so</u> lala. (so mit s)
b. Mir geht es <u>furchtbar</u>. (furckbar)
c. Mir geht's gut, <u>weil</u> ich entspannt bin. (wiel mit ee)
d. <u>Wie</u> geht's? Mir geht's gut. (wei mit i)
e. Mir geht es <u>schlecht</u>, weil ich traurig bin. (shleckt)
f. Hallo, mir geht's fantastisch, weil ich <u>glücklich</u> bin. (glucklich mit oo)

8. Spot the Intruder. Identify the word in each sentence the speaker is NOT saying.
a. Guten Morgen, ich bin <u>entspannt</u>, glücklich und gut gelaunt.   entspannt
b. Guten Tag <u>Abend</u>, mir geht es so lala, weil ich traurig bin.   Abend
c. Mir geht's fantastisch, weil ich <u>mir</u> entspannt bin.   mir
d. Hallo, mir geht es <u>so</u> schlecht, weil ich sehr müde bin.   so
e. Wie geht's? Mir geht's <u>sehr</u> gut.   sehr

9. Narrow Listening - Gap-fill

a. Hallo, mir geht es **gut**, weil ich glücklich bin.
b. Guten Tag, mir geht's fantastisch, weil ich **gut gelaunt** bin.
c. Wie geht's dir? Mir geht's **fantastisch,** aber ich bin müde.
d. Guten **Abend**, mir geht's schlecht, weil ich **nervös** bin.
e. Wie geht es dir? Mir geht's gut, **danke.**
f. Hallo, mir **geht's** so lala, weil ich **müde** bin.

VOCABULARY BUILDING

1. Match Up
1. e   2. a   3. f   4. i   5. h   6. c   7. d   8. g   9. b

2. Broken Words
a. nerv**ös** b. fantas**tisch** c. furcht**bar** d. **gut** e. Gute Na**cht** f. müde g. weil h. Ich bin
i. **sehr** gut

3. Complete the sentences with the words in the box below.
a. Mir **geht's** gut, **weil** ich nicht müde bin. b. **Mir** geht's so lala, weil ich nervös bin.
c. Mir geht's gut, weil **ich** glücklich bin. d. Mir geht's so lala, weil ich **traurig** bin.
e. Wie geht's dir? Mir geht's sehr gut, weil ich **entspannt** bin.

READING

1. Sylla-Bees
a. Hallo, mir geht es so lala.   b. Wie geht's? Mir geht es sehr gut.   c. Wie geht's? Ich bin so müde und traurig.

2. Read the sentences and complete the grid below in English.
a. Amira ; 11 ; great ; cheerful b. Mathias ; 13 ; well ; relaxed c. Jana ; 6 ; so-so ; tired
d. Silvia ; 9 ; well ; happy e. Nico ; 12; bad ; nervous

WRITING

1. Spelling
a. Mir geht es gut.   b. **Mir** geht's fantastisch.   c. ,weil **ich** glücklich bin.   d. ,weil ich traurig bin.
e. ,weil ich entspannt bin.   f. Wie geht es dir?   g. **Wie** geht's? Mir geht's schlecht.

2. Anagrams
a. Ich bin nervös.   b. Ich heiße Sabine.   c. Ich bin gestresst.   d. Ich bin nicht glücklich.   e. Mir geht's sehr gut.

3. Faulty Translation
a. I am well.   b. How are you?   c. I am nervous.   d. I am sad.   e. Hello, how are you?

4. Phrase-level Translation
a. Mir geht's gut.   b. Mir geht's furchtbar.   c. Wie geht's dir? / Wie geht es dir?
d. Ich bin entspannt.   e. Ich bin gestresst.   f. Ich bin gut gelaunt.
g. Hallo, mir geht's fantastisch.   h. Ich bin nervös.   i. Ich bin müde.

UNIT 4 – MEIN GEBURTSTAG

LISTENING

1. Listen and tick the word you hear.
a. 3   b. 2   c. 1   d. 2   e. 3   f. 2

2. Faulty Echo. You will listen to the sentence twice. The first one is correct, and the second one has an incorrect sound. Underline the wrong word in each sentence.
a. Mein <u>Geburtstag</u> ist…   b. am <u>neunzehnten</u> April   c. Ich <u>heiße</u> Nina.
d. am sechsundzwanzigsten <u>Juni</u>   e. am <u>achtzehnten</u> Oktober   f. Ich bin elf <u>Jahre</u> alt.
g. am sechzehnten <u>Dezember</u>   h. am <u>dreizehnten</u> März

3. Listen and complete with the missing letters.
a. am zwölften März   b. am vierzehnten Februar   c. am dritten Juli
d. am dreißigsten Juni e. am zwanzigsten September   f. am fünfzehnten Oktober
g. Ich bin elf Jahre alt.   h. am neunten April

4. Complete with the missing syllables in the box below.
a. Ich bin sie**ben** Jahre alt.   f. am zwölften Juni
b. am ach**ten** September   g. am **vier**ten März
c. am einunddreißigsten **Juli**   h. am dritten **Januar**
d. Mein **Ge**burtstag ist…   i. am **zwan**zigsten Mai
e. am sech**zehn**ten August   j. am **dreiß**igsten April

5. Can you break the flow? Draw a line between words.
a. Mein Geburtstag ist am siebzehnten November.   b. Ich heiße Markus. Ich bin elf Jahre alt.
c. Mein Geburtstag ist am vierten August.   d. Wann ist dein Geburtstag? Am zweiten April.
e. Mein Geburtstag ist am zweiundzwanzigsten Mai.   f. Mein Geburtstag ist am dritten Februar.

6. Fill in the grid with the correct date of birth.
a. 15th Jan   b. 18th Sept   c. 24th Oct   d. 27th Nov   e. 5th June

7. Spot the Intruder. Identify the word in each sentence the speaker is NOT saying.
a. Mein Geburtstag ist am <u>nicht</u> neunzehnten September.   **nicht**
b. Mein Geburtstag ist <u>mir</u> am zwanzigsten Januar.   **mir**
c. Wann ist <u>bin</u> dein Geburtstag?   **bin**
d. Ich heiße Sonja. Mein Geburtstag ist am <u>Jahre</u> ersten Juli.   **Jahre**
e. Mein Geburtstag ist am fünfzehnten <u>heiße</u> Juni.   **heiße**
f. Mein <u>November</u> Geburtstag ist am einunddreißigsten Mai.   **November**

8. Catch it, Swap it: rewrite the wrong word.
a. Ich bin **dreizehn**.   b. …ich bin **fünf**   c. …am **einundzwanzigsten** Oktober   d. Ich bin **zwölf** …
e. …am dritten **März**   f. …am vierten **Juni**   g. …am sechsten **Oktober**

9. Listen, Tick or Cross?
a. X (12 years old)   b. ✓   c. X (13 years old, 1ˢᵗ July)   d. ✓   e. ✓   f. X (15ᵗʰ June)

READING

1. Sylla-bees
a. am vierzehnten November   b. am sechzehnten Dezember   c. Mein Geburtstag ist am vierundzwanzigsten Februar.

2. True or False
1a. True (Sabine)   b. True (happy)   c. False (7)   d. False (19ᵗʰ of September)
2a. False (Micha)   b. False (tired)   c. True (10)   d. False (21ˢᵗ of April)

3A. Tick or Cross
a. ✓   b. X   c. ✓   d. X   e. ✓   f. X
g. X   h. ✓   i. ✓   j. X   k. X

3B. Find the German in the text above.
a. Ich heiße...   b. Mein Geburtstag ist...   c. Ich bin sieben Jahre alt.   d. ..., weil ich glücklich bin

4. Language Detective
A. Find someone who…
a . Fabian   b. Silke   c. Fabian   d. Timo   e. Lea   f. Timo   g. Fabian
B. Odd one out: I am 11 years old. (odd chunk)

WRITING

1. Spelling
a. Guten Morgen,   b. Mein Geburtstag   c. am dritten November   d. am fünften April
e. am dreizehnten Januar   f. am fünfzehnten Juli   g. Ich bin elf Jahre alt.

2. Anagrams
a. am siebten Oktober   b. am vierzehnten August   c. am elften Dezember   d. am dreißigsten Juni

3. Gapped Translation
a. I am **seven** years old.   b. I am **six** years old.   c. I am not **tired**.   d. I am **happy**.
e. on the **16**ᵗʰ of February   f. on the **23**ʳᵈ of August   g. Good **evening**

4. Split Sentences
a. 3   b. 6   c. 2   d. 1   e. 4   f. 5

5. Rock Climbing
a. Ich heiße Jonas. Mein Geburtstag ist am dritten Mai.
b. Ich bin zwölf Jahre alt. Mein Geburtstag ist am elften Juni.
c. Mein Geburtstag ist am siebten März. Ich bin zehn.

d. Ich bin elf Jahre alt. Mein Geburtstag ist am fünften Juli.

e. Wann ist dein Geburtstag? Er ist am zwölften Januar.

6. Mosaic Translation

a. Ich bin dreizehn Jahre alt. Mein Geburtstag ist am achten April.

b. Wie alt bist du? Ich bin vierzehn Jahre alt.

c. Ich heiße Anja. Mein Geburtstag ist am dritten August.

d. Wann hast du Geburtstag? Er ist am zwölften Dezember.

e. Mein Geburtstag ist am ersten Oktober und ich bin sechzehn Jahre alt.

7. Sentence Puzzle

a. Mein Geburtstag ist am dreizehnten September.

b. Wann ist dein Geburtstag?

c. Mein Geburtstag ist am zwölften April.

d. Ich heiße Timo und ich bin neun Jahre alt.

e. Mein Geburtstag ist am neunzehnten Januar.

f. Mein Geburtstag ist am vierundzwanzigsten März.

g. Ich heiße Sara und ich bin vierzehn Jahre alt.

h. Ich heiße Fatima und mein Geburtstag ist am

dreißigsten Januar.

i. Wie alt bist du? Ich bin sieben Jahre alt.

8. Tangled Translation

a. Hello, **my name is** Tim. **I am** well **because I am** happy. **I am** ten **years old. My birthday** is **the 1st** of January. When is **your birthday?**

b. Hallo, **ich heiße** Jana. **Mir geht's** schlecht, **weil ich müde** bin. **Ich bin elf Jahre alt. Mein Geburtstag** ist am achten Juli. Wann ist **dein Geburtstag?**

9. Fill in the Gaps

a. Hallo, ich **heiße** Alexander. Mir geht's **gut,** weil gut gelaunt **bin.** Ich bin vierzehn **Jahre** alt. Mein Geburtstag ist am **fünfzehnten** Oktober.

b. Hallo, ich heiße Karin. Ich **bin** neun Jahre alt. Mir geht es schlecht, **weil** ich **traurig** bin. Mein Geburtstag **ist** am zweiundzwanzigsten **Februar.**

10. Guided Translation

a. Ich heiße Silvia und ich bin elf Jahre alt.

b. Mir geht's gut, weil ich glücklich bin.

c. Mir geht's nicht gut, weil ich müde bin.

d. **Mein Geburtstag ist am fünfzehnten August.**

e. **Wann ist dein Geburtstag?**

11. Pyramid Translation

Hallo, ich heiße Jens. Ich bin zehn Jahre alt. Mein Geburtstag ist am vierundzwanzigsten Oktober.

UNIT 5 – MEIN HAUSTIER

LISTENING

1. Listen and complete with the missing vowel.

a. ein Hund

b. ein Pferd

c. eine Katze

d. ein Fisch

e. eine Spinne

f. ein Schaf

g. ein Vogel

h. eine Maus

2. Listen and tick the word you hear.

a. 2   b. 3   c. 1   d. 2   e. 3

3. Complete with the missing syllables in the box below.

a. ein Meerschwein**chen**

b. ein **Kan**inchen

c. eine Ka**tze**

d. ein Vo**gel**

e. ein **Ham**ster

f. eine Schild**kröte**

g. ein Papa**gei**

h. eine **Spin**ne

4. Complete the missing endings – ‚Ich habe ...'

a. ein**en** Hund

b. ein**e** Katze

c. ein Pferd

d. ein**e** Schildkröte

e. ein Schaf

f. ein**en** Hamster

g. ein**en** Pinguin

h. ein Meerschweinchen

i. ein Kaninchen

j. ein**en** Fisch

5. Write the missing word as you hear it. Students transcribe as they hear it.

a. ein **Papagei**

b. eine **Spinne**

c. ein **Kaninchen**

d. ein **Pinguin**

e. ein **Meerschweinchen**

f. ein **Schaf**

g. Er ist **braun.**

h. Sie ist **klein.**

i. ein **Hund**

j. Ich habe ein **Pferd.**

k. Ich habe **keine** Maus.

6. Faulty echo

a. Ich habe keinen **Pinguin.**

b. Ich habe ein **Schaf.** Es ist weiß.

c. Ich habe eine Maus. Sie ist **klein.**

d. Ich habe **keine** Katze.

e. Du hast ein **Meerschweinchen.**

f. Du hast ein Pferd. Es ist **braun.**

g. Ich habe **kein** Haustier.

h. Ich habe einen Vogel. Er ist **grün.**

i. Ich habe einen Fisch. Er ist **groß.**

7. Listen and choose the correct spelling.

a. 2   b. 1   c. 2   d. 2   e. 2   f. 1   g. 1   h. 2   i. 2   j. 2   k. 1   l. 2

8. Fill in the grid – in English.

a. cat ; black

b. bird ; blue

c. sheep ; white

d. parrot ; yellow

e. fish ; orange

f. rabbit ; white

9. Spot the intruder

Identify the word in each sentence the speaker is NOT saying.

a. Ich habe einen <u>zwei</u> Fisch und er ist grau.   **zwei**

b. Hast du <u>ein</u> Haustiere? Nein, ich habe keine Haustiere.   **ein**

c. Du hast ein Pferd, das <u>wie</u> Rocky heißt. Es ist schwarz.   **wie**

d. Ich habe einen Hund. Er ist braun und <u>nicht</u> groß.   **nicht**

e. Du hast keine Spinne, aber du hast eine <u>keine</u> Maus. Sie ist klein.   **keine**

f. Ich habe einen Pinguin. Er ist grau <u>weiß</u> und er heißt Schnappi.   **weiß**

10. Catch it, Swap it
Listen, spot the difference between what you hear and the written text and edit each sentence accordingly.
Transcript

a. Du hast ein Kaninchen. Es ist **klein** und braun.   <u>**groß**</u>

b. Ich habe kein **Schaf**, aber ich habe einen Hund.   <u>**Huhn**</u>

c. Ich habe einen **Hund,** aber ich habe keine Katze.   <u>**Vogel**</u>

d. Ich habe keinen **Papagei,** aber ich habe eine Spinne.   <u>**Fisch**</u>

e. Hast du ein Haustier? Ja, ich habe einen **Vogel.**   <u>**Hund**</u>

f. Ich habe keine **Maus,** aber ich habe ein Pferd.   <u>**Katze**</u>

g. Ich habe einen **Pinguin,** der Susi heißt.   <u>**Papagei**</u>

11. Listening Slalom

a. Du hast ein Pferd. Es ist rosa.   (You have a horse. It is pink.)

b. Ich habe ein Kaninchen. Es ist gelb.   (I have a rabbit. It is yellow.)

c. Ich habe einen Hund. Er ist grau.   (I have a dog. It is grey.)

d. Du hast eine Maus. Sie ist braun.   (You have a mouse. It is brown.)

e. Ich habe eine Schildkröte. Sie ist blau.   (I have a tortoise. It is blue.)

f. Ich habe einen Fisch. Er ist weiß.   (I have a fish. It is white.)

READING

1. Sylla-Bees
a. Ich habe einen Vogel.   b. Du hast eine Katze, die Mitzi heißt.   c. Ich habe eine Spinne, sie ist rot.

2. Read, Match, Find and Colour
A. Match these sentences to the pictures above

a. rabbit   b. turtle   c. penguin   d. chicken   e. fish   f. dog   g. cat

h. sheep   i. parrot   j. horse

B. Using the sentences in task A find the German for:

a. ein Huhn   b. Es ist gelb.   c. ..., das Mo heißt.   d. eine Schildkröte

e. Er ist grau.   f. Sie ist klein.   g. Ich habe einen Pinguin.   h. ein Pferd

i. Du hast...   j. Ich habe kein...

3. True or False
1 a. True   b. False (5th of June)   c. True   d. True

2 a. False (8)   b. False (1st of May)   c. True   d. False (Mitzi)

4. Tick or Cross

A. Read the text. Tick the box if you find the words in the text, cross it if you do not find them.

a. ✓   b. X   c. X   d. X   e. X   f. ✓   g. ✓   h. ✓   i. X   j. X   k. X   l. ✓

B. Find the German in the text above

a. Ich heiße…   b. Mein Geburtstag ist…   c. Sie ist nicht groß.

d. Hast du ein Haustier?   e. Ich habe ein Kaninchen. Es ist schwarz.

5. Language Detective

A. Find someone who…

a. Jens   b. Timo   c. Lea   d. Timo   e. Jens   f. Lea   g. Mia   h. Mia

B. Odd one out: I am 7 years old. (odd chunk)

WRITING

1. Spelling

a. Ich habe   b. eine Katze   c. ein Pferd   d. eine Spinne   e. Hast du …

f. Du hast   g. ein Haustier

2. Anagrams

a. Ich habe einen Hund.   b. Ich habe keine Katze.   c. Mein Schaf heißt Lucy.

d. Es ist schwarz und weiß.   e. Ich habe ein Kaninchen.

3. Gapped Translation

a. I am **seven** years old.   b. I have a **cat**.   c. I do not have a **spider**.

d. **You** have a **horse**.   e. I have a sheep **called** Mau.   f. I **have** a **guinea pig.**

g. Do **you have** pets?   h. I do not have **pets.**   i. I have a **tortoise/turtle.**

4. Split Sentences

a. 7   b. 4   c. 3   d. 2   e. 1   f. 5   g. 6

5. Rock Climbing

a. Mein Hund heißt Rex.   b. Ich habe ein Huhn.   c. Ich habe eine Katze, die Mitzi heißt.

d. Mein Pferd ist braun und groß.   e. Du hast keine Schildkröte.

6. Mosaic Translation

a. Ich habe einen Pinguin. Er ist schwarz und weiß.   b. Ich habe keine Katze, aber ich habe einen Papagei.

c. Mein Schaf heißt Lucy und es ist weiß.   d. Mein Hund ist groß, schwarz und braun.

e. Ich habe eine Schildkröte, die Lulu heißt.

7. Sentence Puzzle

a. Ich habe einen Hund.   b. Hast du ein Haustier?   c. Du hast keinen Papagei.

d. Ich habe eine Katze.   e. Sie ist braun und klein.   f. Du hast einen Fisch, der Mo heißt.

g. Ich habe ein Meerschweinchen.   h. Ich habe keine Haustiere.   i. Mein Pferd ist grau und schwarz. /
Mein Pferd ist schwarz und grau.

8. Tangled Translation

a. Hello, **my name is** Thomas. I am **seven years old. My birthday** is the 18th of July. **I have** a dog **which is called** Lola. **It is** big and white.

b. **Hallo,** ich heiße Sonja. **Ich bin** neun **Jahre alt.** Mein **Geburtstag** ist am zwanzigsten **Juni. Ich habe einen Fisch,** der Nemo heißt. Er ist sehr **klein und blau.**

9. Fill in the Gaps

a. Hallo, ich **heiße** Bastian und ich bin zehn. Mein Geburtstag ist am **fünften** Juni. **Ich habe** ein Pferd, das Mo heißt. Es ist **grau.**

b. Hallo, ich heiße Lea. Ich bin **elf** Jahre alt. Mein Geburtstag ist am ersten **Januar.** Ich habe einen **Hund, der** Kaiser heißt. **Er ist klein und weiß.**

10. Guided Translation

a. Ich heiße Stefan und ich bin elf Jahre alt. b. Ich habe ein Kaninchen, das Susi heißt.

c. Ich habe keinen Papagei, aber ich habe ein Huhn. d. Ich habe einen Hund und eine Katze.

e. Du hast keine Schildkröte, aber du hast eine Spinne. f. Ich habe kein Meerschweinchen.

11. Pyramid Translation

Ich habe einen Vogel, der Max heißt. Er ist schwarz. Ich habe aber kein Meerschweinchen.

12. Staircase Translation

a. Hast du einen Hund?

b. Ich habe kein Schaf.

c. Du hast ein Pferd, das Sky heißt.

d. Ich habe eine Katze und eine Schildkröte aber keine Maus.

e. Ich habe einen Fisch und ein Meerschweinchen und du hast einen Pinguin.

UNIT 6 - MEINE SCHULTASCHE

LISTENING

1. Faulty Echo
a. In meiner Federmappe habe ich **einen** Kuli. (eenen)
b. **Was** hast du in deiner Schultasche? (was with English 'w')
c. In meiner Tasche **habe** ich ein Heft. (haybe)
d. In meiner Federmappe ist ein **Lineal**. (Lineal, English 'i')
e. In meiner Federmappe habe ich ein Buch, einen **Bleistift** und eine Schere. (Blei**st**ift with st not sht)

2. Listen and Match
a. 2   b. 4   c. 6   d. 3   e. 1   f. 5

3. Listen and tick the word you hear.
a. 3 (Bleistift)   b. 1 (Schreibtafel)   c. 2 (Schere)   d. 3 (ist)   e. 1 (Klebstift)

4. Fill in the grid with the correct information in English.   Answers:
a. Guten Tag, ich heiße Julia. Ich habe ein Heft. Es ist schwarz.   a. **exercise book / black**
b. Hallo, ich heiße Heiko. In meiner Federmappe ist ein Lineal. Es ist weiß.   b. **ruler / white**
c. Hallo, ich heiße Yavuz. In meiner Tasche habe ich einen Bleistift. Er ist rosa.   c. **pencil / pink**
d. Guten Morgen, ich heiße Gabi. Ich habe ein Buch. Es ist grün.   d. **book / green**

5. Listen and complete with the missing vowels.
a. ein Taschenrechner   f. ein Klebstift
b. ein Buch   g. ein Buntstift
c. eine Schere   h. ein Spitzer
d. ein Ordner   i. eine Federmappe
e. eine Schultasche   j. ein Lineal

6. Complete with the missing syllables in the box below.
a. ein Taschenrechner   f. eine Schultasche
b. ein Buntstift   g. Ich habe eine Schere.
c. ein Radiergummi   h. ein Spitzer
d. ein Kuli   i. Was ist in deiner Tasche?
e. eine Federmappe   j. ein Lineal

7. Break the flow: Draw a line between words.
a. In meiner Federmappe habe ich einen Klebstift.
b. In meiner Schultasche ist ein Buch und ein Schülerkalender.
c. Was hast du in deiner Schultasche? Ich habe einen Bleistift.
d. In meiner Federmappe habe ich keinen Radiergummi.
e. In meiner Schultasche habe ich keinen Ordner.
f. In meiner Federmappe habe ich eine Schere. Sie ist blau.

8. Spot the Intruder. Identify the word in each sentence the speaker is NOT saying.
a. Was hast du in <u>einer</u> deiner Federmappe?   **einer**
b. In meiner Federmappe habe ich <u>du</u> einen Bleistift und einen Buntstift.   **du**

c. In meiner <u>deiner</u> Federmappe habe ich keinen Kuli.   deiner

d. In meiner Federmappe habe ich einen Bleistift und <u>keine</u> eine Schere.   keine

e. Was hast <u>ist</u> du in deiner Schultasche?   ist

f. In meiner Schultasche habe ich kein Buch und <u>ein</u> kein Lineal.   ein

g. In meiner Schultasche ist ein Heft. Es ist gelb <u>und rot</u>.   und rot

9. Catch it, Swap it.
Listen, spot the difference between what you hear and the written text and edit each sentence accordingly.

a. In meiner **Tasche** habe ich einen Klebstift.   <u>Schultasche</u>

b. In meiner Federmappe habe ich einen **Kuli.**   <u>Buntstift</u>

c. In meiner Tasche ist ein **Taschenrechner.**   <u>Radiergummi</u>

d. In meiner Tasche habe ich **keine** Schreibtafel.   <u>eine</u>

e. In meiner **Schultasche** habe ich keinen Kuli.   <u>Federmappe</u>

f. In meiner Tasche **habe ich** keinen Ordner.   <u>ist kein</u>

g. Ich habe ein Buch. Es ist **blau.**   <u>grau</u>

10. Sentence Bingo
Fill the grid with 4 numbers 1 to 8. You will hear sentences in German. Put a cross in the correct German version to win bingo. Sentence order below matches the audio, not the student book.

1. *In meiner Schultasche ist eine Schreibtafel.*   In my school bag, there is a whiteboard.

2. *In meiner Schultasche habe ich keinen Spitzer.*   In my school bag, I don't have a sharpener.

3. *In meiner Tasche habe ich einen Taschenrechner.*   In my bag, I have a calculator.

4. *In meiner Tasche habe ich einen Kuli.*   In my bag, I have a pen.

5. *In meiner Tasche habe ich kein Heft.*   In my bag I do not have an exercise book.

6. *Ich habe keinen Radiergummi.*   I do not have a rubber.

7. *Ich habe einen Ordner. Er ist gelb.*   I have a folder. It is yellow.

8. *In meiner Federmappe habe ich keinen Buntstift.*   In my pencil case, I don't have a coloured pencil.

11. Listening Slalom
Listen and pick the equivalent English words from each column.

a. In meiner Federmappe habe ich ein Lineal und es ist blau. *(In my pencil case I have a ruler and it is blue.)*

b. In meiner Schultasche ist ein Buch und ein Ordner. *(In my schoolbag there is a book and a folder.)*

c. Ich habe einen Kuli und einen Taschenrechner in meiner Federmappe. *(I have a pen and a calculator in my pencil case.)*

d. Ich habe keinen Radiergummi, aber ich habe einen Klebstift. *(I don't have a rubber, but I have a glue stick.)*

e. In meiner Federmappe habe ich keinen Spitzer, aber ich habe ein Lineal und es ist rot. *(In my pencil case I don't have a sharpener but there is a ruler, and it is red.)*

f. Ich habe einen Ordner, aber ich habe kein Heft in meiner Schultasche. *(I have a folder, but I don't have an exercise book in my schoolbag.)*

READING

1. Sylla-Bees
a. Ich habe einen Kuli.   b. In meiner Tasche habe ich einen Ordner. c. In meiner Federmappe habe ich eine Schere.

2. Read, Match, Find and Colour
A. Match these sentences to the pictures above

a. pencil   b. schoolbag   c. rubber   d. calculator   e. pen   f. book   g. sharpener   h. ruler
i. folder   j. school planner
B. Using the sentences in task A find the German for:
a. einen Spitzer   b. Ich habe eine Schultasche.   c. In meiner Federmappe...   d. ...habe ich ein Lineal.
e. habe ich kein ...   f. Ich habe einen Kuli.   g. Sie ist rot.   h. Du hast...
i. Er ist rosa.   j. einen Schülerkalender

3. True or False
A. Read the paragraphs and for each statement answer: True of False.
a. True   b. False (21st of July)   c. False (cat and turtle)   d. True   e. False (exercise book, yellow)
f. True   g. False (9)   h. False (has a dog)   i. False (green pen)   j. True

B. Find in the text above the German for:
a. Mein Geburtstag ist   b. In meiner Schultasche   c. Ich habe einen Hund
d. Es ist gelb   e. Ich habe keine Schere   f. einen Bleistift

4. Tick or Cross
A. Read the text. Tick the box if you find the words in the text, cross it if you do not find them.
a. ✓   b. X   c. ✓   d. ✓   e. X   f. ✓   g. X   h. X   i. X   j. ✓   k. ✓   l. ✓
B. Find the German in the text above.
a. am achten Februar   b. In meiner Tasche...   c. keine Schreibtafel   d. ein Lineal   e. Ich habe kein
Heft.

5. Language Detective
A. Find someone who...
a. Elke   b. Max   c. Elke   d. Martina   e. Max   f. Martina   g. Max
B. Odd one out: a rabbit (odd chunk)

WRITING

1. Spelling: „Ich habe..."
a. ein Lineal   b. ein Buch   c. einen Spitzer   d. einen Bleistift   e. einen Ordner
f. eine Schultasche   g. einen Klebstift

2. Anagrams
a. Ich habe ein Lineal.   b. Du hast einen Klebstift.   c. Ich habe keinen Kuli.   d. Du hast ein Buch.

3. Gapped Translation
a. I have a **pencil** and a **glue stick.**   b. In my pencil case there is a **ruler** and a **pen. It is green.**
c. I do not have **scissors,** but I have a **rubber.**   d. **What** do you **have** in your **schoolbag?** I have a **book.**

4. Split Sentences
a. 2   b. 3   c. 7   d. 5   e. 1   f. 4   g. 6

5. Rock Climbing
a. In meiner Federmappe habe ich einen Kuli.
b. Ich habe keinen Klebstift, aber ich habe einen Ordner.

c. Du hast einen Radiergummi und einen Bleistift. Er ist grau.

d. In meiner Schultasche habe ich ein Buch und einen Buntstift.

e. Ich habe einen Spitzer, aber ich habe kein Lineal.

6. Mosaic Translation

a. In meiner Schultasche gibt es einen Ordner.

b. Ich habe einen Kuli und einen Bleistift. Er ist grün.

c. In meiner Federmappe habe ich einen Anspitzer und einen Radiergummi.

d. Was hast du in deiner Schultasche? Ich habe ein Buch.

e. Es gibt keinen Taschenrechner in meiner Federmappe.

7. Sentence Puzzle

a. In meiner Schultasche habe ich ein Buch. Es ist grün.

b. Was hast du in deiner Federmappe?

c. In meiner Federmappe gibt es ein Lineal. Es ist gelb.

d. In meiner Federmappe gibt es einen Kuli, aber es gibt kein Lineal.

8. Tangled Translation

a. Hello, **my name is** Jakob. **I am** nine years old. My birthday **is the 6**[th] of January. I have **a dog which is called** Kaiser. It is **brown.** In my pencil case I have **a rubber** and a ruler. It is **red. I have** no **scissors.**

b. Guten Tag, **ich heiße** Ella. **Ich bin** elf. Mein Geburtstag ist **am fünfzehnten** Mai. Ich habe **ein Pferd,** das Sky heißt. Es ist **weiß. In meiner Schultasche habe ich** ein Buch und **ein Heft. Es ist** gelb. Ich habe aber **keinen Ordner.**

9. Fill in the Gaps

a. Hallo, ich heiße Jens und ich **bin** elf Jahre alt. Mein Geburtstag ist am **zweiten** Juni. In meiner **Federmappe** habe ich einen **Bleistift,** einen Kuli und **einen** Radiergummi. Er ist **rosa.**

b. Hallo, **ich** heiße Klaudia. Ich habe ein **Kaninchen.** Es ist grau. In meiner Schultasche **habe ich** ein Buch, einen **Buntstift** und ein Heft. Es ist **gelb.** Ich habe aber keinen **Ordner.**

10. Guided Translation

a. In meiner Schultasche habe ich ein Heft.

b. In meiner Federmappe habe ich einen Bleistift. Er ist blau.

c. Ich habe keinen Radiergummi in meiner Federmappe.

d. Ich habe kein Lineal, aber ich habe ein Buch.

d. Ich habe eine Federmappe in meiner Schultasche.

11. Pyramid Translation

In meiner Schultasche habe ich ein Buch und einen Ordner. Der Ordner ist rot, aber ich habe keinen Schülerkalender.

12. Staircase Translation

a. Ich habe einen Kuli.

b. Was hast du in deiner Schultasche?

c. In meiner Federmappe habe ich einen Bleistift und ein Lineal.

d. Ich habe keinen Radiergummi, aber ich habe einen Spitzer und er ist grau.

e. In meiner Schultasche habe ich kein Buch, aber ich habe einen Taschenrechner und einen Ordner.

UNIT 7 – WOHER KOMMST DU?

LISTENING

1. Split sentences. Listen and match (answer 7 and 8 are interchangeable).
a. 4   b. 8   c. 2   d. 7   e. 1   f. 3   g. 5   h. 6

2. Faulty Echo
a. Ich komme aus **China.** (Chaina)
b. Ich komme aus **Österreich.** (Ostrich)
c. Ich **spreche** Deutsch. (sprecke)
d. Ich komme aus **England.** (mit I- Ingland)
e. Ich spreche Englisch und **Französisch.** (Franzosisch)
f. Ich spreche **Slowakisch.** (mit English w)
g. Ich spreche gut **Chinesisch.** (chainesisch)

3. Listen and tick the word you hear.
a. 2 (Ich spreche kein **Englisch.**)
b. 3 (Ich komme aus Italien und **ich spreche** Französisch.)
c. 2 (Ich spreche sehr gut **Spanisch.**)
d. 1 (Ich komme aus **China** und ich spreche Englisch.)
e. 2 (**Ich komme aus** Frankreich, aber ich spreche nicht Französisch.)

4. Fill in the grid with the correct information in English.
a. Pierre ; France ; French
b. Sonja ; Germany ; English (doesn't speak)
c. Susan; England ; Spanish
d. Cristiano ; Portugal ; German

5. Listen and complete with the missing letter.
a. Ich komme aus Deutschland.
b. Ich komme aus Österreich.
c. Ich spreche gut Englisch.
d. Ich spreche kein Spanisch.
e. Ich spreche auch Deutsch.
f. Sprichst du Chinesisch?
g. Ich komme aus Irland.
h. Ich spreche Französisch.
i. Ich komme aus der Schweiz.
j. Sprichst du Italienisch?

6. Complete with the missing syllables in the box below.
a. Ich spre**che** Chinesisch.
b. Ich spreche **Eng**lisch.
c. Ich komme aus **Ir**land.
d. Ich spreche **Spa**nisch.
e. Sprichst du **Walisisch**?
f. Ich komme aus **Deutsch**land.
g. Ich komme aus Frank**reich.**
h. Ich spreche ein bisschen **Chinesisch.**
i. Ich spreche nicht sehr gut **Italienisch.**
j. Ich spreche auch **Slo**wakisch.

7. Can you break the flow? Draw a line between words.
a. Ich spreche Englisch und auch Italienisch.
b. Ich komme aus Deutschland, aber ich spreche Englisch.
c. Ich komme aus China und ich spreche ein bisschen Deutsch.
d. Ich spreche Französisch, aber kein Portugiesisch.
e. Ich spreche sehr gut Englisch und Französisch.
f. Welche Sprachen sprichst du? Ich spreche Slowakisch.

8. Spot the Intruder. Identify the word in each sentence the speaker is NOT saying.
a. Ich spreche Englisch, <u>Spanisch,</u> aber ich komme nicht aus England.   **Spanisch**
b. Ich komme aus Italien und ich spreche <u>kein</u> ein bisschen Chinesisch.   **kein**
c. Ich spreche Deutsch, aber <u>auch</u> ich komme aus Spanien.   **auch**
d. Sprichst du Deutsch? Deutsch, und ein bisschen <u>bin</u> Französisch.   **bin**

e. Ich spreche nicht <u>kein</u> Walisisch, aber ich spreche Englisch.   kein
f. Ich komme aus Portugal. Ich spreche Portugiesisch <u>Italienisch</u>.   **Italienisch**

9. Catch it, Swap it

Listen, spot the difference between what you hear and the written text and edit each sentence accordingly.
Transcript:

a. Ich komme aus England und ich spreche gut **Deutsch.**   <u>Chinesisch</u>
b. Ich komme aus Österreich, aber ich spreche kein **Englisch.**   <u>Französisch</u>
c. Ich komme aus **Wales** und ich spreche gut Walisisch.   <u>Deutschland</u>
d. Ich komme aus Amerika und ich spreche ein bisschen **Spanisch.**   <u>Portugiesisch</u>
e. Ich komme aus **Schottland** und ich spreche Deutsch.   <u>der Schweiz</u>
f. Ich komme aus China, aber ich spreche nicht gut **Italienisch.**   <u>Englisch</u>

10. Sentence Bingo

Fill the grid with 4 numbers 1 to 8. You will hear sentences in German. Put a cross in the correct German version to win bingo. Sentence order below matches the audio, not the student book.

1. *Ich komme aus Österreich.*   I come from Austria.
2. *Ich komme aus England.*   I come from England.
3. *Ich spreche Englisch, aber kein Spanisch.*   I speak English, but I don't speak Spanish.
4. *Ich komme aus Irland.*   I come from Ireland.
5. *Ich spreche sehr gut Walisisch.*   I speak Welsh very well.
6. *Ich spreche Französisch, aber kein Portugiesisch.*   I speak French, but I don't speak Portugese.
7. *Ich spreche sehr gut Portugiesisch.*   I speak Portugese very well.
8. *Ich spreche kein Deutsch.*   I don't speak German
9. *Ich spreche ein bisschen Chinesisch.*   I speak a little Chinese.
10. *Ich komme aus der Schweiz und Ich spreche sehr gut Italienisch.*   I come from Switzerland and I speak Italian very well.

11. Listening Slalom

a. Ich heiße Stefano. Ich komme aus Italien, aber ich spreche Portugiesisch.
b. Hallo, ich spreche Spanisch, aber ich komme aus Deutschland.
c. Ich komme aus Spanien und ich spreche ein bisschen Französisch.
d. Ich spreche ein bisschen Chinesisch, aber ich spreche kein Englisch.
e. Ich spreche nicht sehr gut English, aber ich spreche Italienisch.
f. Ich komme nicht aus England. Ich komme aus Liechtenstein und ich spreche Deutsch.

READING

1. Sylla-Bees

a. Ich bin neun Jahre alt. Ich komme aus England und ich spreche Deutsch.
b. Ich komme aus Italien, aber ich spreche nicht sehr gut Englisch.

2. True or False

A. Read the paragraphs below and answer: True or False.

a. True   b. False (dog)   c. True (English and French)   d. True   e. True   f. False (he likes it)
g. False (Slovakian)   h. False (very well)   i. True   j. False (she speaks Spanish a little bit)

B. Find in the text above the German for:
a. Es ist ein Jahr alt.   b. Ich komme aus...   c. Ich habe keine Haustiere.
d. Ich mag ... sehr.   e. Ich spreche gern.   f. Ich mag ... gar nicht.

3. Tick or Cross
A. Read the text. Tick the box if you find the words in the text, cross it if you do not find them.
a. X   b. X   c. X   d. ✓   e. ✓   f. X   g. X   h. X   i. ✓   j. X   k. ✓   l. ✓
B. Find the German in the text above
a. am elften Oktober   b. Ich spreche kein Chinesisch.   c. Ich spreche gut Englisch.
d. Ich spreche gut Deutsch.   e. Ich spreche gar nicht gern Spanisch.

4. Language Detective
A. Find someone who...
a. Niamh   b. Niamh   c. Sonja   d. Sonja   e. Sonja.   f. Niamh/Sonja   g. Tim
B. Odd one out
I don't like Spanish (odd chunk)

WRITING

1. Spelling
a. Deutsch   b. Ein bisschen   c. Deutschland   d. England   e. Englisch   f. Ich spreche Spanisch   g.
Ich spreche kein Französisch

2. Anagrams
a. Ich spreche Italienisch.   b. Ich komme aus England.   c. Ich spreche kein Deutsch.
d. Ich mag Walisisch.   e. Ich spreche Spanisch.

3. Gapped Translation
a. I speak **German** and **French**, but I don't speak **English**.   b. I am from **Germany**, and I speak Irish **very**
well.   c. I am from **England**, but I don't speak **Italian.**   d. What **languages** do you **speak**? I speak **Welsh.**

4. Split Sentences
a. 4   b. 2 or 3   c. 5   d 3 or 2   e. 6   f. 1   g. 7

5. Rock Climbing
a. Ich komme aus Frankreich und ich spreche kein Deutsch.
b. Ich spreche sehr gut Chinesisch, aber ich spreche kein Französisch.
c. Welche Sprachen sprichst du? Ich spreche Englisch.
d. Woher kommst du? Ich komme aus England.
e. Ich spreche ein bisschen Englisch und Irisch.

6. Mosaic Translation
a. Ich komme aus Italien und ich spreche Italienisch und Englisch.
b. Woher kommst du? Ich komme aus England.
c. Ich spreche ein bisschen Französisch und Chinesisch.
d. Welche Sprachen sprichst du? Ich spreche sehr gut Deutsch.
e. Ich spreche sehr gut Englisch, aber ich mag auch Spanisch.

7. Fill in the Gaps

a. Hallo, ich heiße Roberto. Ich bin **acht**. Mein Geburtstag ist **am** zweiten Juni. Ich komme aus **Italien** und ich spreche Deutsch und **Französisch.** Ich spreche auch ein **bisschen** Englisch.

b. Hallo, ich heiße Marie. Ich habe einen Hund. Er ist **schwarz**. Ich komme aus **Liechtenstein**. Ich spreche sehr **gut** Deutsch und Spanisch. Ich spreche **auch ein** bisschen Französisch. Ich mag **Portugiesisch**.

8. Tangled Translation

a. Hello, **my name is** David. **I am** seven years old. My birthday **is the 1st** of March. **I come** from **France**. I speak French and English **very well. I** also **speak a little** Italian, **but** I don't speak **German.** I like **Chinese.**

b. Guten Tag, **ich heiße** Karin. **Ich bin** zwölf Jahre alt. Mein Geburtstag **ist am vierten** April. Ich habe **einen Hund, der** Rex **heißt.** Er ist **schwarz**. Ich komme aus **Deutschland. Ich spreche** sehr gut Englisch **und** ich spreche **ein bisschen Französisch,** aber **ich spreche nicht** Italienisch. **Ich mag** Deutsch.

9. Sentence Puzzle

a. Ich spreche sehr gut Englisch und Französisch.

b. Welche Sprachen sprichst du? Ich spreche Spanisch.

c. Woher kommst du? Ich komme aus Australien.

d. Ich spreche Englisch, aber ich spreche kein Deutsch.

10. Guided Translation

a. Hallo, ich heiße Anja. Ich komme aus Australien.

b. Ich komme aus Spanien. Ich spreche gut Italienisch.

c. Ich spreche sehr gut Französisch und ich spreche ein bisschen Irisch.

d. Ich spreche Deutsch, aber ich spreche kein Chinesisch.

d. Welche Sprachen sprichst du? Ich spreche Spanisch.

11. Pyramid Translation

Hallo, ich heiße Claudia. Ich spreche Deutsch und Französisch, aber ich spreche kein Chinesisch.

12. Staircase Translation

a. Ich komme aus Irland.

b. Ich spreche Englisch und Französisch.

c. Ich spreche kein Deutsch, aber ich spreche Italienisch.

d. Ich spreche sehr gut Chinesisch, aber ich spreche kein Spanisch.

e. Ich komme aus Schottland. Ich spreche ein bisschen Portugiesisch, aber ich spreche kein Irisch.

UNIT 8 – WIE IST DAS WETTER?

LISTENING

1. Listen and tick the word you hear.
a. 2 (**Es ist kalt** in Berlin.)   b. 1 (Heute **ist es stürmisch.**)   c. 3 (**Es regnet** in Wien.)
d. 1 (**Das Wetter ist gut** in Köln.)   e. 2 (Diese Woche **ist es bewölkt.**)

2. Faulty echo
a. Im **Winter** ist es kalt. (Winter with English ‚w')   b. Normalerweise **regnet** es. (English ‚r')
c. Im Sommer ist es **heiß**. (haib)   d. Heute ist es **stürmisch**. (sturmish)
e. Im **Frühling** ist das Wetter gut. (Froohling)   f. **Wie** ist das Wetter? (wai)
g. Diese Woche **schneit** es. (shneet)

3. Listen and Match - Transcript
a. Heute ist es heiß.   b. Normalerweise regnet es.   c. Im Sommer ist es sonnig.
d. Im Herbst ist es bewölkt.   e. Im Winter schneit es.   f. Diese Woche ist es stürmisch.
g. Im Frühling ist es windig.
Answer Key:
a. 3   b. 5   c. 2   d. 4   e. 1   f. 7   g. 6

4. Listen and complete the missing letter.
a. Es ist kalt.   b. Es ist windig.   c. Heute regnet es.   d. Es ist stürmisch.
e. Es ist heiß.   f. Heute ist es sonnig.   g. Heute schneit es.
h. Das Wetter ist schlecht.   i. Heute ist es bewölkt.

5. Listen and complete with the missing letters.
a. Im Frühling regnet es.   b. Das Wetter ist gut.   c. Im Herbst ist es kalt.
d. Im Winter schneit es.   e. In der Regel ist es sonnig.   f. Im Sommer ist es heiß.
g. Normalerweise ist es nebelig.

6. Break the flow: Draw a line between words.
a. Wie ist das Wetter heute? Es ist sonnig.   b. Im Sommer ist es heiß in Berlin.
c. Im Sommer ist das Wetter in Wien gut.   d. Im Winter ist es kalt in Salzburg.
e. In der Regel ist es windig in München.   f. Heute ist es windig und es regnet in Stuttgart.

7. Complete with the missing syllables in the box below.
a. In Wien ist das **Wet**ter gut.   f. In Salzburg ist es **stür**misch.
b. In Köln ist es **son**nig.   g. In Ulm schneit **es.**
c. In München reg**net** es.   h. In Zürich ist es nebe**lig.**
d. Im Hamburg ist es **win**dig.   i. In Leipzig ist es **heiß.**
e. In Bern ist es bewölkt.   j. In Innsbruck **ist** es kalt.

8. Fill in the grid with the correct information in English.
a. Normally ; The weather is good   d. Today ; It is hot
b. In the winter ; It is foggy   e. Usually ; It is sunny
c. In the spring ; It rains   f. This week ; It is cold

9 Spot the Intruder

a. Wie ist <u>nicht</u> das Wetter in Bern?	**nicht**
b. In Wien ist <u>der</u> das Wetter gut.	**der**
c. In Berlin <u>wie</u> ist das Wetter schlecht.	**wie**
d. Heute ist es nebelig <u>am</u> in Ulm.	**am**
e. In München ist es <u>er</u> windig.	**er**
f. Im Winter <u>heiß</u> regnet es.	**heiß**

10. Listening Slalom

a. Normalerweise ist das Wetter in Berlin gut.	[Normally the weather is good in Berlin.]
b. Im Frühling regnet es in Stuttgart.	[In spring it rains in Stuttgart.]
c. Im Herbst ist das Wetter in Frankfurt schlecht.	[In autumn the weather is bad in Frankfurt.]
d. Heute ist es kalt in Dortmund.	[Today it is cold in Dortmund.]
e. In der Regel ist es sonnig in Zürich.	[Usually, it is sunny in Zurich.]
f. Diese Woche ist es stürmisch in Dresden.	[This week there are storms in Dresden.]
g. Heute schneit es in Salzburg.	[Today it snows in Salzburg.]

READING

1. Sylla-Bees
a. Hallo, ich komme aus Deutschland. Heute ist es kalt in Ulm.
b. Hallo, ich komme aus Spanien. Im Sommer ist es heiß in Madrid.

2. True or False (map)
a. True   b. False   c. False   d. False   e. True   f. False   g. True   h. False

3. Read, Match, Find and Colour
A. Match the sentences to the pictures above.
a. It snows   b. It's sunny   c. stormy   d. It rains   e. It's windy   f. The weather is good
g. It's cloudy   h. It's hot   i. It's bad weather   j. It's cold
B. Using the sentences in task A find the German for:
a. ... ist es heiß ...   b. ... ist es wolkig...   c. Im Winter ...   d. ...ist das Wetter gut.
e. Diese Woche ...   f. ... ist es kalt ...   g. ... regnet es...   h. Heute ...
i. ... ist es sonnig ...   j. ... ist es windig...

4. True or False
A. Read the paragraphs below and answer: True or False.
a. False (10)   b. True   c. False (He is from France)   d. True   e. False (it is warm)   f. True
g. False (She is from Germany)   h. True   i. False (She speaks English very well)   j. True

B. Find in the texts above the German for:
a. aber heute   b. ist es normalerweise warm   c. In Deutschland ist das Wetter in der Regel schlecht
d. aber heute ist das Wetter nicht gut

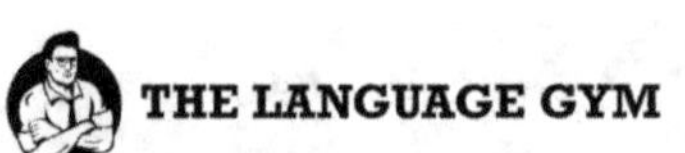

5. Language Detective
A. Read & answer the questions.
a. Thomas   b. Paul   c. in Dublin   d. in Berlin   e. in Berlin   f. Jimena   g. in Madrid
B. Odd two out
I am from England. / I have a white and grey cat. (odd ones)

WRITING

1. Spelling
a. im Frühling   b. im Winter   c. Es ist heiß.   d. im Herbst   e. Es regnet.
f. Im Herbst ist es bewölkt.   g. Im Sommer ist es warm.

2. Gapped Translation
a. I am **from** Australia, and the weather is **good today.**
b. In **autumn** it is **windy** in **Vienna.**
c. I **am** from England and **generally** the weather is not **good.**
d. I am from **Scotland** and **usually** the weather is **bad.**
e. It is **cloudy,** and it is **windy,** but it is not **stormy** today.

3. Fill in the gaps
a. Hallo, ich heiße Ingo. Ich bin **vierzehn** Jahre alt. Ich komme **aus** England. In London ist es in der **Regel windig** und **kalt, aber** heute ist es warm.
b. Hallo, **ich** heiße Giulia. Ich komme aus Italien und ich **bin** zehn Jahre alt. **In** Italien ist das **Wetter** im **Sommer** gut, aber heute regnet es und es ist **bewölkt.**

4. Sentence Puzzle
a. In Spanien ist das Wetter gut.   b. In England ist das Wetter schlecht und es regnet.
c. Wie ist das Wetter in Italien?   d. Heute regnet es und es ist windig, aber es ist nicht stürmisch.

UNIT 9 – MEINE STADT

LISTENING

1. Listen and tick the word you hear.
a. 1   b. 3   c. 3   d. 2   e. 2

2. Faulty Echo
a. Ich mag **mein** Dorf. (meen)   b. Ich **liebe** meine Stadt. (laibe)   c. **Ich** mag meine Stadt nicht. (ick)
d. Ich wohne in **Wien**. (Wain)   e. Mein Dorf ist **klein**. (kleen)   f. Meine Stadt ist **hässlich**. (hasslick)
g. ..., **weil** es laut ist. (weel)   h. ..., weil sie **ruhig** ist. (ruhick with h)

3. Listen and complete with the missing letter.
a. Ich wohne in Wien.   b. Meine Stadt ist schön.   c. Mein Dorf ist klein.
d. Ich wohne in Edinburgh.   e. Meine Stadt ist ruhig.   f. Mein Dorf ist groß.
g. Mein Dorf ist hässlich.   h. Ich mag meine Stadt.   i. Ich mag mein Dorf nicht.
j. Meine Stadt ist lebendig.

4. Narrow Listening. Gap-fill.
a. Hallo, ich heiße Thomas und ich bin elf **Jahre** alt. Ich komme aus **Irland,** aber ich wohne **in** England. Ich spreche ein **bisschen** Englisch und sehr **gut** Irisch und **Spanisch**. Ich mag mein **Dorf,** weil es ruhig und **schön** ist.
b. Hallo, ich heiße Lena und ich bin **elf Jahre alt**. Ich komme **aus** Spanien, aber ich **wohne** in Deutschland. Ich spreche **Deutsch**, Spanisch und **Französisch**. Ich mag meine **Stadt**, weil **sie** groß und **lebendig** ist.

5. Fill in the grid with the correct information in English.
a. Markus ; likes it ; pretty   b. Lisa; doesn't like it ; small   c. Stefan ; loves it ; lively
d. Lotte ; likes it ; big   e. Micha ; hates it ; ugly   e. Gianfranco ; loves it ; quiet/calm

6. Complete with the missing syllables in the box below.
a. Ich wohne **in** Berlin.   b. **Ich** mag mein Dorf.   c. Ich mag meine Stadt.
d. Ich **hasse** meine Stadt.   e. Ich **liebe** mein Dorf.   f. Ich mag mein Dorf **nicht**.
g. Meine Stadt **ist** hässlich.   h. Mein **Dorf** ist klein.   i. Magst du **dein** Dorf?
j. Mein Dorf ist lebendig.

7. Spot the Intruder. Identify the word in each sentence the speaker is NOT saying.
a. nicht   b. meine   c. sehr   d. schön   e. mein   f. ich   g. wo   h. mein

8. Catch it, Swap it: listen, spot the difference and edit each sentence accordingly.
a. **laut** ; klein   b. **hässlich** ; groß   c. **lebendig** ; ruhig   d. **klein** ; laut
e. **hässlich** ; laut   f. **schön** ; ruhig   g. **touristisch** ; lebendig

9. Write 4 of the sentences into the grid. You will hear sentences in German in a RANDOM ORDER. Tick all 4 of your sentences to win bingo.
1. *Ich hasse meine Stadt, weil sie hässlich ist.*   I hate my town because it is ugly.

2. Ich mag mein Dorf nicht, weil es hässlich ist.	I don't like my village because it is ugly.
3. Ich mag meine Stadt, weil sie nicht klein ist.	I like my town because it is not small.
4. Ich mag mein Dorf nicht, weil es klein ist.	I don't like my village because it is small.
5. Ich hasse meine Stadt, weil sie sehr groß ist.	I hate my town because it is very big.
6. Ich liebe meine Stadt, weil sie ruhig ist.	I love my town because it is quiet.
7. Ich mag meine Stadt nicht, weil sie laut ist.	I don't like my town because it is noisy.
8. Ich mag meine Stadt, weil sie groß ist.	I like my town because it is big.
9. Ich mag mein Dorf, weil es ruhig ist.	I like my village because it is quiet.
10. Ich liebe New York, weil es lebendig ist.	I love New York because it is lively.

10. Listening Slalom

e.g. Ich heiße Nina, ich wohne in Berlin. Ich liebe meine Stadt.
a. Ich wohne in New York. Ich liebe meine Stadt, weil sie lebendig ist.
b. Ich wohne in Neuhausen. Ich mag mein Dorf, weil es touristisch ist.
c. Ich mag mein Dorf nicht, weil es klein ist.
d. Ich mag mein Dorf, weil es schön und ruhig ist.
e. Ich hasse meine Stadt, weil sie hässlich und groß ist.
f. Ich wohne in London. Es ist groß, lebendig und touristisch.

READING

1. Sylla-Bees

a. Ich wohne in Berlin. Ich mag es, weil es lebendig ist.

b. Ich wohne in New York. Ich liebe es, weil es so groß ist.

2. True or False

A. Read the paragraphs below and answer: True or False.
a. False (fünfzehn)   b. False (English)   c. True   d. False (it is hot)   e. True   f. False (big and touristic)   g. True   h. True   i. False (she lives in England)   j. False (small, pretty and touristic)

B. Find in the text above the German for:
a. ... ist es normalerweise heiß.   b. ... es klein und schön ist.   c. Ich liebe ...
d. ... ist es in der Regel kalt.   e. ... sie groß und touristisch ist.   f. Ich wohne in Paris.

3. Tick or Cross

A. Read the text. Tick the box if you find the words in the text, cross it if you do not find them
a. ✓   b. X   c. X   d. ✓   e. X   f. ✓   g. X   h. X   i. ✓   j. X   k. X   l. ✓   m. X

B. Find the German in the text above.
a. Heute regnet es in Wien.   b. Ich spreche gut Deutsch.
c. In Rom ist es normalerweise sonnig.   d. Ich hasse meine Stadt, weil sie touristisch ist.
e. ... weil sie lebendig, aber auch sehr groß ist.

4. Language Detective

A. Find someone who...
a. Daniela   b. Micha   c. Bastian/Daniela   d. Daniela   e. Daniela   f. Micha   g. Bastian/Micha

B. Odd one out: I hate my city. (odd chunk)

WRITING

1. Spelling
a. lebendig   b. laut   c. in meinem Dorf   d. meine Stadt
e. klein   f. Meine Stadt ist groß.   g. Ich wohne in Wien.

2. Anagrams
a. Ich wohne in Deutschland.   b. Ich mag Zürich.   c. Ich hasse meine Stadt.
d. ..., weil sie lebendig ist.

3. Gapped Translation
a. I am **from** Australia, but I **live** in Scotland.   b. I like my **village** because it is **very** pretty and **big.**
c. I **live** in London. I **love** my **city.**   d. Do you like **your** town? No, I don't like **my** town.
e. Where do **you live?** I live in a village. It is **lively** but **small.**

4. Split Sentences
a. 7   b. 6   c. 4   d. 3   e. 1   f. 5   g. 2

5. Rock Climbing
a. Ich komme aus England und ich wohne in Rom.   b. Ich mag meine Stadt nicht, weil sie hässlich ist.
c. Magst du dein Dorf? Nein, weil es klein ist.   d. Ich liebe meine Stadt, weil sie groß ist.
e. Wo wohnst du? Ich wohne in München.

6. Mosaic Translation
a. Meine Stadt ist schön und klein, aber sie ist nicht touristisch.
b. Wo wohnst du? Ich wohne in einer Stadt. Sie ist groß.
c. Ich mag meine Stadt nicht, weil sie hässlich und laut ist.
d. Magst du deine Stadt? Ja, ich liebe Chester.
e. Mein Dorf ist ruhig und schön. Es ist auch klein.

7. Fill in the Gaps
a. Hallo, ich heiße Jakob. Ich bin **zwölf** Jahre alt. Ich komme aus der **Schweiz,** aber ich wohne **in** England. Ich **spreche** ein bisschen Deutsch. Ich mag mein **Dorf,** weil es ruhig **ist.**
b. Hallo, ich heiße Jana. Ich komme aus Italien, aber ich **wohne** in **Inverness.** Ich spreche **gut** Englisch. Ich spreche auch ein **bisschen** Spanisch. Ich liebe meine **Stadt,** weil sie ruhig **und** schön ist.

8. Tangled Translation
a. Hello, **my name is** Anna. **I am from** Spain, **but** I live **in Germany.** I speak German **and Spanish. Normally,** it rains in Germany. I live **in Berlin, and** I don't like it **because it** is very **noisy** there.
b. Guten Tag, **ich heiße** Andreas. Ich bin **elf** Jahre alt und **ich habe** keine Haustiere. Ich wohne **in New York.** Ich mag **meine Stadt,** weil sie **sehr groß** und **schön** ist. Ich **liebe** sie auch, **weil** sie lebendig und **nicht** hässlich **ist.** In New York ist **das Wetter normalerweise** gut **und** es ist **warm.**

9. Sentence Puzzle
a. Ich mag meine Stadt, weil sie sehr schön ist.
b. Wo wohnst du? Ich wohne in New York und ich mag es nicht.
c. Magst du dein Dorf? Ich liebe es, weil es klein ist.

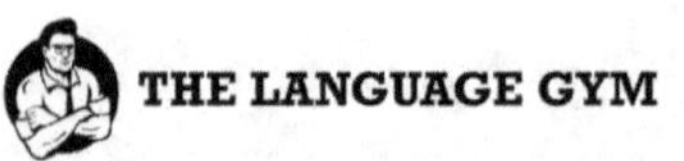

d. Ich hasse London, weil es dort sehr laut und auch touristisch ist.

10. Guided Translation

a. Hallo, ich heiße Anke. Ich wohne in Rom.   b. Ich komme aus Spanien. Ich spreche sehr gut Englisch.   c. Ich wohne in einer Stadt. Ich mag sie, weil es dort ruhig ist. d. Wo wohnst du? Meine Stadt ist lebendig und auch touristisch.

11. Pyramid Translation

Hallo, ich heiße Lotte. Ich wohne in London. Ich mag meine Stadt, weil sie groß und schön, aber nicht ruhig ist.

12. Staircase Translation

a. Ich mag meine Stadt.
b. Ich mag mein Dorf nicht, weil es touristisch ist.
c. Ich liebe mein Dorf, weil es schön und lebendig ist.
d. Ich hasse meine Stadt, weil sie groß, touristisch und auch laut ist.
e. Ich mag mein Dorf sehr, weil es schön, klein und auch ruhig ist.

UNIT 10 – IN MEINER STADT

LISTENING

1. Listen and tick the word you hear.
a. 2 (Marktplatz)   b. 1 (Kino)   c. 2 (gibt es kein)   d. 3 (Museen)   e. 2 (Moscheen)

2. Faulty Echo.
a. In **meiner** Stadt gibt es eine Kirche. (meener)
b. In meinem Dorf gibt es **eine** Bibliothek. (ein without the **e** at the end)
c. In meiner Stadt gibt es **viele** Restaurants und Parks. (weele)
d. In meinem Dorf gibt es kein **Schwimmbad.** (swimbad)
e. In meiner Stadt gibt es ein Sportzentrum und ein **Schloss.** (shlosh)
f. In meinem Dorf gibt es einen **Marktplatz,** aber es gibt kein Museum. (marketplats)

3. Listen and complete with the missing vowel.
a. mein Dorf   b. ein Marktplatz   c. ein Schwimmbad   d. meine Stadt   e. ein Kino
f. ein Museum   g. ein Sportzentrum   h. eine Bäckerei   i. eine Synagoge   j. **Es** gibt eine Schule.

4. Complete with the missing syllables in the box below.
a. ein Supermarkt   b. ein Thea**ter**   c. eine Kir**che**   d. Schul**en**   e. ein Bahn**hof**
f. eine Apo**the**ke   g. eine Biblio**thek**   h. ein Sta**dion**   i. Restaurants   j. mein**e** Stadt

5. Fill in the grid with the information in English.
a. Museum ; beach   b. Museums, restaurants ; stadium
c. Schools, parks ; swimming pool   d. Supermarket, library ; theatre

6. Spot the Intruder. Identify the word in each sentence the speaker is NOT saying.
a. ein   b. kein   c. auch   d. ist   e. wohne   f. in

7. Narrow Listening. Gap-fill.
a. Ich **wohne in** einer Stadt in Wales. In meiner **Nachbarschaft** gibt es einen **Park**, ein **Schloss** und
Museen. Ich mag **meine** Nachbarschaft, weil sie **ruhig** und schön ist.
b. Ich komme aus **Deutschland,** aber ich wohne in einer **Stadt** in **Spanien**. Ich **liebe** meine
Nachbarschaft, weil sie zwar **lebendig,** aber **klein** ist.

8. Listening Slalom
a. In meiner Stadt gibt es ein Sportzentrum und ein Museum.
b. Ich wohne auf Sylt. Es gibt einen Strand und eine Kirche.
c. In meiner Stadt gibt es Theater, aber es gibt keine Schwimmbäder.
d. Ich liebe meine Nachbarschaft, weil sie groß ist. Es gibt Restaurants und Supermärkte.
e. Ich mag meine Stadt, weil sie schön ist. Es gibt einen Marktplatz, aber es gibt kein Stadion.
f. In meiner Stadt gibt es kein Kino, aber es gibt eine Bibliothek.

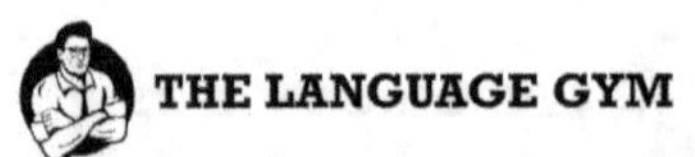

READING

1. Sylla-Bees
a. In meinem Dorf gibt es eine Kirche, aber es gibt keine Kathedralen.
b. In meiner Nachbarschaft gibt es ein Stadion und einen Bahnhof.

2. True or False
A. Read the paragraphs and decide if the statements are True or False.

a. True	b. False (he likes)	c. False (big and touristic)
d. True	e. False (no stadium)	f. False (she is from France)
g. False (in Spain)	h. False (it is hot)	i. True j. True

B. Find in the text above the German for:
a. der Hauptstadt von Deutschland   b. gibt es einen Bahnhof   c. Ich mag meine Stadt.
d. aber keinen Strand

3. Tick or Cross
A. Read the text. Tick the box if you find the words in the text, cross it if you do not find them.
a. ✓   b. ✓   c. ✓   d. ✓   e. X   f. X   g. X   h. ✓   i. X   j. ✓   k. X   l. X

B. Find the German in the text above.
a. in einem Dorf, das … heißt   b. keinen Bahnhof
c. Ich wohne in einer Stadt, die Rom heißt.   d. In meiner Nachbarschaft gibt es einen Park.
e. aber es gibt keine Kinos.

4. Language Detective
A. Find someone who…
a. Roberto   b. Marianne   c. Roberto   d. Marianne   e. Marco   f. Roberto   g. Marianne
B. Odd two out:
but I live in England – I don't like my city. (two odd chunks)

WRITING

1. Spelling
a. ein **Bahnhof**   b. ein **Stadion**   c. ein **Schwimmbad**   d. ein **Restaurant**
e. eine **Bibliothek**   f. ein **Sportzentrum**   g. **Es** gibt einen **Park**.   h. **Es** gibt kein **Kino**.

2. Anagrams
a. Es gibt einen Park.   b. Es gibt eine Kathedrale.   c. Es gibt kein Schwimmbad.   d. Es gibt Restaurants.

3. Gapped Translation
a. In my **neighbourhood** there is a **sports centre** and a stadium.
b. In my **village** there is a **market square**.
c. I **live** in London. In London **there are** many cathedrals and **cinemas**.
d. What **is** there in your neighbourhood? There is a **bakery**.
e. In my **town** there is a **synagogue** and a **library**.

4. Split Sentences
a. 4   b. 1   c. 2   d. 3   e. 5   f. 7   g. 6

5. Rock Climbing
a. In meiner Nachbarschaft gibt es eine Bibliothek und ein Schloss.
b. In meiner Stadt gibt es ein Stadion und eine Moschee.
c. In meinem Dorf gibt es kein Sportzentrum, aber es gibt einen Supermarkt.
d. Was gibt es in deiner Stadt? Es gibt einen Park und ein Schwimmbad.
e. Ich mag meine Nachbarschaft nicht, weil es dort keine Kinos gibt.

6. Fill in the Gaps
a. Hallo, ich heiße Rocco. Ich bin **neun** Jahre alt. Ich komme aus **Italien,** aber ich wohne in London. Ich mag meine Stadt, weil sie sehr **groß** ist. In meiner **Nachbarschaft** gibt es ein **Schwimmbad** und **ein** Stadion.
b. Hallo, ich heiße Mary. Ich komme aus Amerika, aber ich **wohne** in Wien. **Ich** mag es, weil es hier **normalerweise** heiß ist. In **meiner** Stadt **gibt es** viele Kirchen und **auch** viele Museen.

7. Tangled Translation
a. Hello, **my name is Anna. I am from** England, **but** I live **in Italy.** I speak Italian **and German. Normally, the weather** is good. **In my neighbourhood** there is **a bakery** and a park, **but** there is no **train station.**

b. Guten Tag, ich **heiße** Paul. Ich bin **zwölf** Jahre alt. Ich wohne **in Berlin,** der Hauptstadt von **Deutschland. Ich mag es,** weil es **sehr groß** und touristisch ist. **In meiner** Nachbarschaft **gibt es** eine Apotheke **und ein Sportzentrum,** aber es gibt keine **Bäckerei. Was** gibt es **in deiner** Stadt?

8. Sentence Puzzle
a. In meiner Nachbarschaft gibt es viele Parks und auch Supermärkte.
b. Was gibt es in deinem Dorf? Es gibt ein Kino und einen Marktplatz.
c. In meiner Stadt gibt es eine Synagoge, aber es gibt keine Bahnhöfe.
d. Ich mag mein Dorf, weil es dort zwei Schulen und Restaurants gibt.

9. Guided Translation
a. Hallo, ich heiße Maren. Ich wohne in einer Stadt, die Paris heißt.
b. Ich wohne in einer Stadt. In meiner Stadt gibt es Supermärkte, aber es gibt keine Schwimmbäder.
c. In meiner Nachbarschaft gibt es eine Schule und eine Kirche, aber es gibt keine Parks.

10. Staircase Translation
a. Ich mag meine Stadt.
b. Ich mag meine Stadt nicht, weil es dort keine Kinos gibt.
c. In meiner Nachbarschaft gibt es eine Bibliothek, aber es gibt keine Sportzentren. Sie ist schön.
d. In meinem Dorf gibt es ein Stadion, aber es gibt keinen Bahnhof. Es ist laut und auch touristisch.
e. In meiner Stadt gibt es eine Moschee, aber es gibt keine Kathedralen. Sie ist klein und auch ruhig, aber sie ist schön.

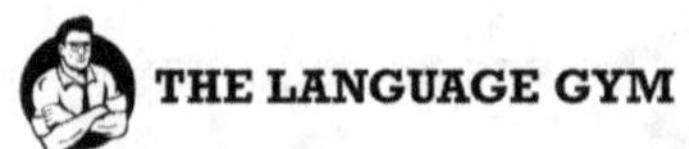